Autos de carreras

Los autos de Indy

por Bizzy Harris

Bullfrog
en español

Ideas para padres y maestros

Bullfrog Books permite a los niños practicar la lectura de textos informativos desde el nivel principiante. Las repeticiones, palabras conocidas y descripciones en las imágenes ayudan a los lectores principiantes.

Antes de leer

- Hablen acerca de las fotografías. ¿Qué representan para ellos?
- Consulten juntos el glosario de las fotografías. Lean las palabras y hablen de ellas.

Durante la lectura

- Hojeen el libro y observen las fotografías. Deje que el niño haga preguntas. Muestre las descripciones en las imágenes.
- Léale el libro al niño o deje que él o ella lo lea independientemente.

Después de leer

- Anime al niño para que piense más. Pregúntele: Los alerones mantienen los autos de Indy estables. ¿Has visto alguna vez un auto con alerones?

Bullfrog Books are published by Jump!
5357 Penn Avenue South
Minneapolis, MN 55419
www.jumplibrary.com

Library of Congress Cataloging-in-Publication Data

Names: Harris, Bizzy, author.
Title: Los autos de Indy / por Bizzy Harris.
Other titles: Indy cars. Spanish
Description: Minneapolis, MN: Jump!, Inc., [2023]
Series: Autos de carreras
Translation of: Indy cars. | Audience: Ages 5–8.
Identifiers: LCCN 2021060822 (print)
LCCN 2021060823 (ebook)
ISBN 9781636909608 (hardcover)
ISBN 9781636909615 (paperback)
ISBN 9781636909622 (ebook)
Subjects: LCSH: Indy cars—Juvenile literature.
Automobiles, Racing—Juvenile literature.
Classification: LCC TL236 .H35618 2023 (print)
LCC TL236 (ebook)
DDC 629.228—dc23/eng/20220112

Editor: Eliza Leahy
Designer: Emma Bersie
Translator: Annette Granat

Photo Credits: Bruce Alan Bennett/Shutterstock, cover, 18, 23tl; Jon Nicholls Photography/Shutterstock, 1, 22; Droopydogaina/Dreamstime, 3; ZUMA/Alamy, 4; Tom Strattman/AP Images, 5; TO Race Photo/Alamy, 6–7; carroteater/Shutterstock, 8; Cal Sport Media/Alamy, 9; Jeremy Christensen/Shutterstock, 10–11, 23br; Robert Laberge/Getty, 12–13; Grindstone Media Group/Shutterstock, 14–15, 23tr, 23bl; HodagMedia/Shutterstock, 16–17; Danny Raustadt/Dreamstime, 19; Walter Arce/Dreamstime, 20–21; Sanit Fuangnakhon/Shutterstock, 24.

Printed in the United States of America at Corporate Graphics in North Mankato, Minnesota.

Tabla de contenido

Vueltas de carrera

Este es un auto de Indy.

Va a competir pronto.

casco

overoles

Los conductores usan cascos.
También usan overoles.

Este conductor usa guantes.

Se sienta en la cabina.

cabina

Una bandera
verde ondea.

¡La carrera empieza!

La Indy 500 es una carrera importante.

¡Los autos dan 200 vueltas alrededor de la pista!

pista

calle

Algunos autos de Indy tienen sus carreras en calles.

¡La gente mira!

Cada auto tiene dos alerones.

Uno está en la parte trasera.

Uno está en la parte delantera.

Ellos mantienen el auto estable.

PREFERRED
FREEZER SERVICES

alerón
trasero

SONAX
CSC

SONAX
CSC

alerón
delantero

21

15

A veces, los autos chocan.
Un equipo de boxes ayuda.
El conductor está bien.

Este auto hace una parada en boxes.

Un equipo de boxes cambia las llantas.

llanta

Estas carreras son largas.

Los autos necesitan más gasolina.

manguera
de gasolina

19

Los autos regresan
a la pista.

¡Brrrum!

Las partes de un auto de Indy

La velocidad máxima de un auto de Indy es de 236 millas (380 kilómetros) por hora. ¡Échales un vistazo a sus partes!

alerón trasero

cabina

llanta

motor

alerón delantero

equipo de boxes
Grupos de personas que arreglan autos durante las carreras.

estable
Fijo y que no se puede mover fácilmente.

parte trasera
La parte de atrás de algo.

vueltas
Viajes completos alrededor de algo, como una pista.

Índice

Para aprender más

Aprender más es tan fácil como contar de 1 a 3.

❶ Visita www.factsurfer.com

❷ Escribe "losautosdeIndy" en la caja de búsqueda.

❸ Elige tu libro para ver una lista de sitios web.